First hundred words

in Polish

Heather Amery

Illustrated by Stephen Cartwright

Polish language consultant: Dominika Boon
Edited by Jenny Tyler and Mairi Mackinnon
Designed by Mike Olley and Holly Lamont

D1578515

9112000250795

 There is a little yellow duck to find in every picture.

Salon
The living room

Tata
Daddy

Mama
Mummy

chłopiec
boy

dziewczynka
girl

niemowlę
baby

pies
dog

kot
cat

3

Ubranie   Clothes

buty
shoes

majtki
pants

sweter
jumper

4

podkoszulek
vest

spodnie
trousers

T-shirt
t-shirt

skarpetki
socks

Kuchnia   The kitchen

chleb
bread

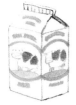

mleko
milk

jajka
eggs

jabłko
apple

pomarańcza
orange

banan
banana

Zmywanie naczyń

Washing up

stół
table

krzesło
chair

talerz
plate

nóź
knife

widelec
fork

łyżka
spoon

filiżanka
cup

Zabawki Toys

koń
horse

owca
sheep

krowa
cow

kura
hen

świnia
pig

pociąg
train

klocki
bricks

11

Z wizytą   On a visit

babcia
Granny

dziadek
Grandpa

pantofle
slippers

plaszcz
coat

sukienka
dress

czapka
hat

13

Park The park

drzewo
tree

kwiat
flower

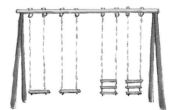

huśtawki
swings

piłka
ball

14

zjeżdżalnia
slide

kalosze
boots

ptak
bird

łódź
boat

Ulica The street

samochód
car

rower
bicycle

samolot
plane

cieżarówka
lorry

autobus
bus

dom
house

Przyjęcie   The party

balon
balloon

ciasto
cake

zegar
clock

lody
ice cream

ryba
fish

herbatniki
biscuits

cukierki
sweets

Pływalnia

The swimming pool

ramię
arm

ręka
hand

noga
leg

stopy
feet

palce u nóg
toes

głowa
head

pośladki
bottom

21

Przebieralnia

The changing room

usta
mouth

oczy
eyes

uszy
ears

nos
nose

włosy
hair

grzebień
comb

szczotka do włosów
hairbrush

Sklep   The shop

czerwony
red

niebieski
blue

zielony
green

żółty
yellow

różowy
pink

biały
white

czarny
black

Łazienka The bathroom

mydło
soap

ręcznik
towel

toaleta
toilet

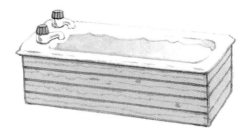

wanna
bath

brzuch
tummy

kaczka
duck

Sypialnia   The bedroom

łóżko
bed

lampa
lamp

okno
window

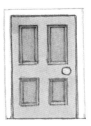

drzwi
door

książka
book

lalka
doll

pluszowy miś
teddy bear

Match the words to the pictures

banan

ciasto

czapka

jabłko

jajko

kaczka

kalosze

kot

krowa

książka

lalka

lampa

lody

łóżko

mleko

nóż

okno

pies

piłka

pluszowy miś

pociąg

podkoszulek

pomarańcza

ryba

samochód

skarpetki

stół

sweter

widelec

zegar

Liczby   Numbers

1 jeden

2 dwa

3 trzy

4 cztery

5 pięć

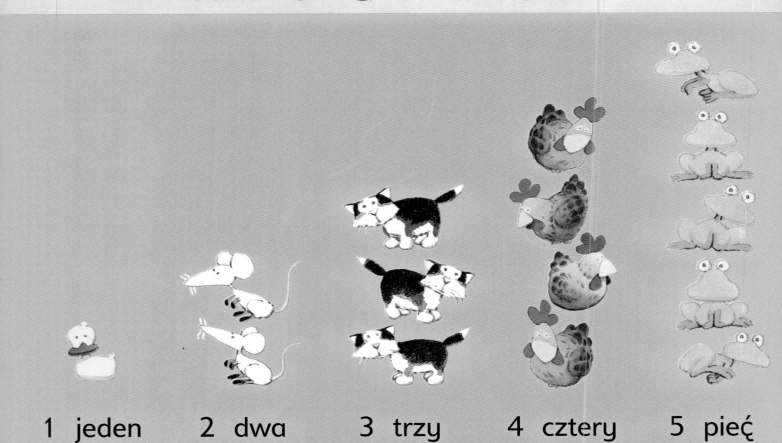

1 jeden   2 dwa   3 trzy   4 cztery   5 pięć

This edition first published in 2015 by Usborne Publishing Ltd, Usborne House, 83-85 Saffron Hill, London EC1N 8RT, England. www.usborne.com
Copyright © 2015, 1988 Usborne Publishing Ltd. The name Usborne and the devices are Trade Marks of Usborne Publishing Ltd. All rights reserved.
No part of this publication may be reproduced, stored in a retrieval system, or transmitted in any form or by any means, electronic, mechanical, photocopying, recording or otherwise, without the prior permission of the publisher. UKE